Eugen Egner

Glücklich ist, wer vergißt, daß er nicht zu retten ist!

Die Deutsche Bibliothek – CIP-Einheitsaufnahme

Egner, Eugen:
Glücklich ist, wer vergisst, dass er nicht zu retten ist! /
Eugen Egner. – Kiel : Semmel-Verl., 1991
ISBN 3-922969-98-4
NE: HST

1. Auflage 1991
Semmel Verlach
Winfried Bartnick
Werftbahnstr. 8
2300 Kiel 14

Printed in Belgium by Proost, Turnhout

ISBN 3-922969-98-4

Seit ungefähr drei Jahren unterhalte ich als Mitarbeiter der KOWALSKI-Redaktion regelmäßigen Brief- und Telefonverkehr mit Herrn Eugen Egner. Das bedeutet allerdings nicht, daß ich mehr über ihn wüßte als zum Beispiel Sie, der Sie gerade sein Buch in der Hand halten.
Herr Egner ist, und das ist sein gutes Recht, ein ganz geheimnisvoller Patron. In dieser Informationsnot will ich hier einige Kleinigkeiten zum besten geben, die ich aus dem bisherigen Briefwechsel zwischen ihm und meiner Redaktion destillieren konnte. Er wird schon nichts dagegen haben:
Gleich zu Beginn unserer Zusammenarbeit äußerte Herr Egner brieflich den ausdrücklichen Wunsch, wir mögen ihm seine Honorarschecks nur – aber auch wirklich nur dann – zusenden, wenn es uns *wirklich keine Umstände macht.*
Meine Artgenossen sind mehrheitlich Vollidioten, teilte er in einem Schub von Mitteilungsbedürfnis einige Wochen später unserer Redaktionsassistentin mit, und – im gleichen Brief – er lebe *am Wuppertaler Stadtrand, zwischen zwei Slums und nahe der Hauptstraße sowie dem Containerbahnhof.* Am 29.1.91 erkundigte er sich schriftlich bei mir, ob es denn, da man ja zum Beispiel Texte frei erfinden könne, auch möglich sei, *ein Foto zu veröffentlichen, das es gar nicht gibt,* und beendete den Brief mit: *Neulich war übrigens irgendwas. Ich kann mich nur nicht mehr dran erinnern!* Exakt einen Monat später, aber ein Jahr früher (wie er es ausdrücken würde), nämlich am 27.2.90 teilte Herr Egner mir ungefragt mit, wie er den Rosenmontag verbracht hatte: *Rosenmontag war ich beim Zahnarzt, am Abend wieder berauscht. Im Hinterzimmer eines Teeladens haben wir mit drei Zeugen Jehovas (die trugen rote Kunststoffnasen) dem Branntwein zugesprochen. Der Oberjehovazeuge wollte mitten in den Königreichssaal scheißen; den Schlüssel hatte er dabei!*
Einen Brief ohne Datum, der wiederum an unsere Redaktionsassistentin gerichtet war, die ihn gebeten hatte, irgendeines der tausendfünfhundert Formulare auszufüllen, die sie sich stetig mit dem Kopierer selber bastelt, endete mit der Bemerkung: ... *Und wenn ich das Geseiche um den toten Nazi Karajan* höre, das aus meinem Radio quillt, könnte ich vollends Junge kriegen. Aber dies gehört, strenggenommen, nicht hierher. Vergeben Sie mir, wenn Sie können. Ich bin nur ein schwacher Mensch.*
Strenggenommen möchte ich über Eugen Egner nicht mehr verraten. Zumal ich, strenggenommen, überhaupt nicht viel m e h r weiß. Abgesehen von dem, was alle wissen: daß jeder Künstler an seiner Umwelt leidet. Und daß sein Werk jeweils Ergebnis dieses Leidens ist. So gesehen leidet momentan kaum ein zeitgenössischer Zeichner so gekonnt wie unser Herr Egner. Aber sehen Sie doch selbst.

April 1991, Hans Kantereit

* *Natürlich war Karajan kein Nazi, sondern ein unverbesserlicher Widerstandskämpfer, der zwischen 1933 und 45 vielen jüdischen Komponisten (Mozart, Brahms Pfitzner, von Weizsäcker) die Flucht nach Palästina und Las Vegas ermöglichte. Während des Zweiten Weltkriegs zwangen ihn die Nationalsozialisten, ein spitzes Hütchen zu tragen.*

April 1991, Eugen Egner

Besuch beim Chemiker.

Arnold hat eines Tages das Gefühl, Lotte etwas bieten zu müssen und erzählt ihr von seiner Schulzeit.

Alles war ganz unbegreiflich gewesen, und der Biologielehrer hatte im Lehrmittelschrank ein Leninbild und eine Schnapsflasche aufbewahrt.

Arnold erinnert sich an einen Klassenkameraden, der inzwischen Chemiker geworden ist. Damals spielten die beiden in einer lokalen Psychedelicband.

Spontan reisen Lotte und Arnold zu dem Chemiker, der Arnold erst erkennt, als er die Tätowierung wiedersieht, die er ihm einst angefertigt hat.

Der Chemiker berichtet, er habe jüngst ein Präparat im
Selbstversuch getestet und dadurch vorübergehend eine
geschiedene Frau mit schulpflichtigem Sohn bekommen.

Zur Feier des Wiedersehens verteilt der Chemiker selbstgefertigte Pillen gegen fettige Haare, die aber starke Nebenwirkungen haben. Lotte findet plötzlich zu sich.

Arnold fängt an zu schreien und hört bis zum frühen
Morgen nicht auf. Hin und wieder verlangt er auch, seine
Mutter zu sprechen. Ruhe tut not.

Lotte lebt fortan auf einer russischen Insel bei deutschen Raketenforschern. Unter deren Aufsicht malt sie schwermütige Seelandschaften.

Die geschiedene Frau und der Biologielehrer sind ebenfalls da. Doch der schulpflichtige Sohn kommt mit dem Leben unter Raketenforschern nicht klar.

Zur gleichen Zeit, jedoch viele Meilen entfernt, verfüttert der Chemiker seine Pillen an Arnold, der ihn inzwischen als Mutter akzeptiert hat.

Eugen Egner: Eine Ballade

Uns ist ein Kind geboren!
Ich säg's durch.
Egner
Vater hat nur Spaß gemacht

Ruhe, verdammt!
Müssen wir wieder Senf an die Mundharmonika schmieren ?!
ESTHER

Alt-Sportler unter sich.

So konnte der Urwalddoktor
beim besten Willen nicht operieren.

Basskontrolle.

Das Mutterhuhn und Franz Schub
Wie so oft damals, kamen die beiden auch an diesem Abend in Franz Schubs bescheidener Almhütte zusammen.
Hast Kuchen mitgebracht?
Aber ja, das Mutterhuhn hatte Kuchen mitgebracht!
Der ist von der Tante. Nächste Woche gibt's wieder welchen von der Oma.
Egal.
Ende

Obwohl ich heute noch detailliert angeben kann, wie wir aussahen und was wir sprachen, vermag ich nicht mehr mit Bestimmtheit zu sagen, welcher von den dreien ich war.

Mit einem Weißbrot photographieren Sie??? Ob das auch mit einem Schwarzbrot geht?
Knips!
Klar! Dann werden die Aufnahmen aber grobkörniger.
Gotter
oder so

Licht aus!
Dies ist die Nacht
der langen Würste!

Toten-Schmidt hat neueröffnet

Bankrott hin, Leberleiden her – abends bei Frau Erika
fühlte sich der Herr Direktor wieder ganz leidlich.

Ihr Ausweis ist abgelaufen, und Sie haben das Feuer auf der falschen Schulter.

Der Umstand, daß wir sie uns nur einbilden, ändert nichts an der Tatsache, daß sie Brillen brauchen.
Prof. Egner

Das Konzert stand unter einem Unstern.
Mozart hatte vergessen, wie ein Klavier aussieht, das
Nannerl machte gerade eine schwere Identitätskrise durch,
und die Idee mit dem Schwein auf der Bühne stieß beim
damaligen Publikum auf Unverständnis.

Spätestens beim Solo merkten auch die Naivsten, daß der Kerl seine Gitarre vergessen hatte.

Folgen des Ehebruchs.

Haben wir denn einen Grund, uns zu freuen?
Ja, wir wollen froh sein, daß ich nicht zwanghaft Puppen basteln muß.
Und daß ich mir beim Besteckabtrocknen kein Bein gebrochen habe.

Wir tranken, bis auf meiner Jacke ein Feuchtbiotop entstand.

Wann gibt's denn endlich was zu essen?
Bin gleich fertig.
Hoffentlich! Ich bin hungrig wie ein Mann mit Hut!
Häääh???
Äh ... ich wollte sagen: wie ein Mann im grauen Anzug!
Ich dachte schon...

In der Küche.

Das kommt davon!
Linkshänder sollen auch keine Rechtshändertassen
benutzen und einfach den Henkel rumdrehen.

Ehemalige Stasi-Mitarbeiter tarnen
sich als „Die Heiligen Drei Könige".

„Nein, nein, Hochwürden, das ist *kein* Warndreieck!“

Unsinn! Ich seh keine kleinen Trompeter!

Eugen Egner singt noch eine Ballade

Mit dem Hintern gemalt.

Erinnerst du dich?

Siegmund besuchte dich. Bei der Begrüßung verlangte er gestenreich nach Trinkbarem.

Du halfst ihm ins Wohnzimmer, wo er in Windeseile die
Tischdecke vollkritzelte.

Nachfolgend sangt ihr eine Weile und sagtet wohl manches liebe Gedicht auf.

Für kurze Zeit fandet ihr sogar zur Unbeschwertheit eurer Knabenzeit zurück.

Dabei erwischte euch deine Frau, die den Salon für sich
und ihre Freundinnen beanspruchte.

Ihr widerspracht nicht und verließt weisungsgemäß für den
Rest des Tages das Haus.

Auf der Straße gerietest du dummerweise in die Flugbahn
eines verirrten Kinderklaviers.

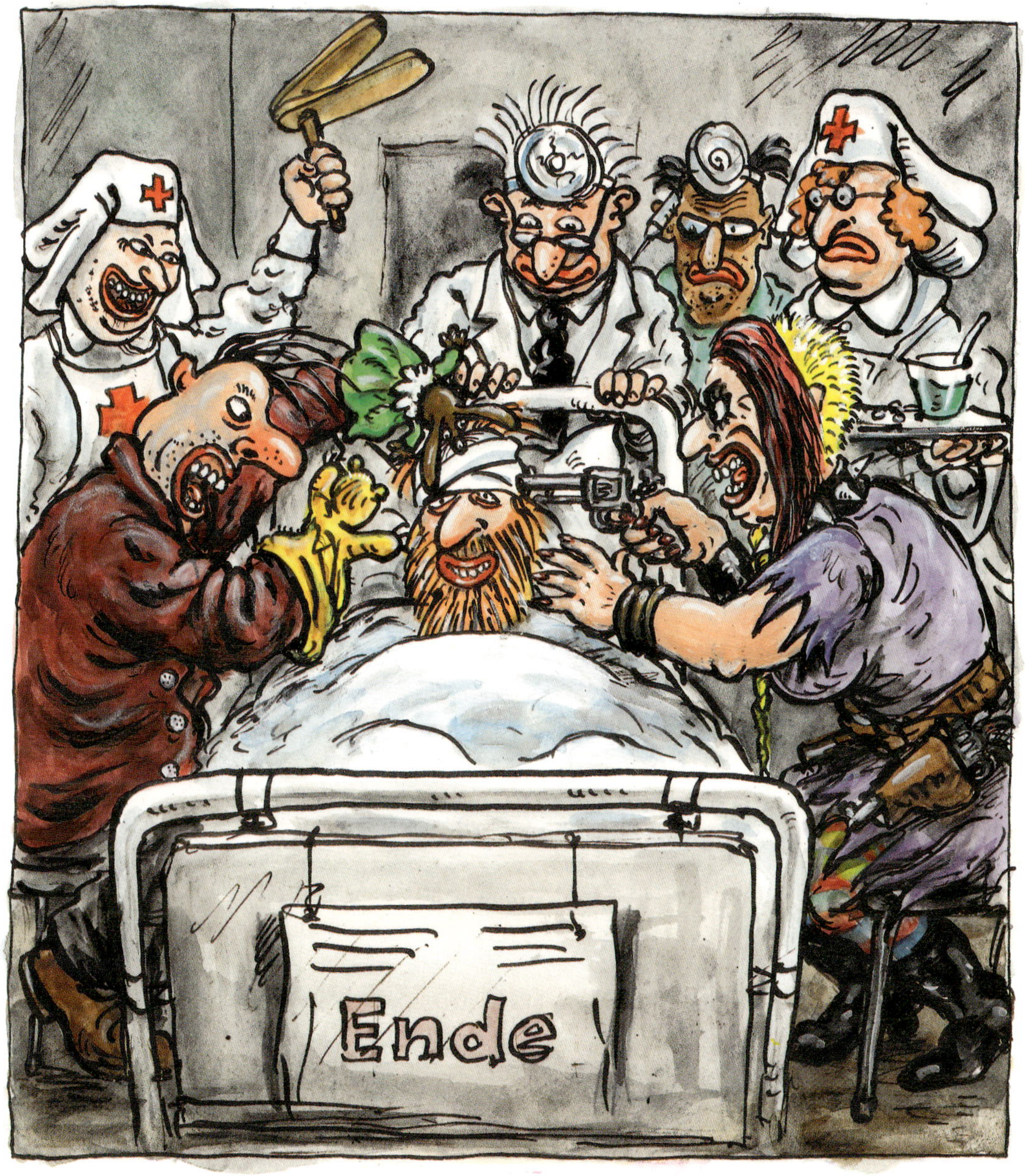

Seither versuchen alle, deine Amnesie zu heilen.
Erinnerst Du Dich?

Die Cartoons von Seite 22 bis 29 erblickten zum ersten Mal in der „Titanic“, die von Seite 15 bis 21, 33, 36 bis 39 in „KOWALSKI“ das Licht der Öffentlichkeit.
Vielen Dank.